Av. Pla del Vent 56, 08970 Sant Joan Despí, Barcelona
e-mail: corimbo@corimbo.es
www.corimbo.es
Traducción al español de Anna Coll-Vinent
1ª edición, mayo 2006

Título de la edición original: «Mon meilleur ami du monde»
Impreso en Italia por Grafiche AZ, Verona
ISBN: 84-8470-237-5

El mejor amigo del mundo

Texto de Carl Norac
Ilustraciones de Claude K. Dubois

Corimbo

Esta mañana, como cada mañana,
Simón se alegra de ver de nuevo a Lola.
Le sonríe por encima de su gruesa bufanda.

A la hora del recreo, Simón ayuda a Lola a buscar el tesoro de los piratas escondido en la arena, que está muy fría.

Después, Simón está de acuerdo en ser el malvado capitán Garfio.
—¡Genial, tenía muchísimas ganas de ser Peter Pan! —exclama Lola.

En la cantina, para divertir a Lola,
Simón hace malabarismos con la comida.

Cuando Tomás se mete con Lola y la llama pequeñaja,
Simón la defiende.
—¡Cuidado, bobo! ¡Somos dos y te podemos!

—Simón, ¡eres el mejor amigo del mundo! —exclama Lola.

Pero a la salida de la escuela Simón parece preocupado.
—Lola, tengo que decirte una cosa…
—¿Qué ocurre, Simón? ¡Estás raro!

—Nos mudamos de casa y cambio de escuela.
—Entonces ¿no te veré más? —pregunta Lola.
—Sí, vendré a verte el domingo. ¡Te lo prometo! —dice Simón.

En silencio, sus pañuelos se dan un besito.

Esa tarde, Lola está triste.
Realmente, necesita mimitos.

Al día siguiente, en la escuela, se siente sola.

Ya no hay ningún tesoro de piratas escondido en la arena.

Peter Pan se aburre, sin su capitán Garfio.

La comida no es tan buena, sin Simón.

Tomás vuelve a llamarla pequeñaja y nadie la defiende.

—¡Buen fin de semana!
¡Hasta el lunes! —gritan sus compañeros de clase.
—Yo espero el domingo —responde Lola.

Mamá y Papá decoran el gran árbol de Navidad.
Lola ni lo mira. Espera el domingo.

El sábado nieva. Los vecinos se lanzan bolas de nieve riéndose.
Pero Lola ni siquiera sale. Espera el domingo.

Por fin es domingo. ¡Al mediodía aún no ha llegado nadie!
Pero de repente, tocan el timbre…

—¡Aquí estoy! —exclama Simón.
—¡Al ataque, capitán! —grita Lola.

Lola y Simón hacen un agujero en la nieve
¡y por fin encuentran el famoso tesoro de los piratas!

Vuelven a casa para saborearlo.
—¡Mmmm! ¿Qué es? ¡Está buenísimo! —dice Simón.
—¡Claro, Simón, es chocolate! —responde Lola.

Los padres de Simón están a punto de llegar.
Ya es hora de despedirse.
—Acerca tu pañuelo, que quiere un besito —cuchichea Lola.

—Simón, ¡eres el mejor amigo
del domingo del mundo! —dice Lola.